2022
Pocket Calendar

JANUARY

Sunday	Monday	Tuesday	Wednes

2	3	4	5
9	10	11	12
16	17 Martin Luther King, Jr. Day	18	19
23 / 30	24 / 31	25	26

2022

hursday	Friday	Saturday
ecember T W T F S 1 2 3 4 7 8 9 10 11 14 15 16 17 18 21 22 23 24 25 28 29 30 31	February S M T W T F S 1 2 3 4 5 6 7 8 9 10 11 12 13 14 15 16 17 18 19 20 21 22 23 24 25 26 27 28	1 New Year's Day
	7	8
	14	15
	21	22
	28	29

Notes

FEBRUARY

Sunday	Monday	Tuesday	Wednes
		1	2
			Groundhog
6	7	8	9
13	14	15	16
	Valentine's Day		
20	21	22	23
	Presidents' Day	Washington's Birthday	
27	28		

2022

hursday	Friday	Saturday
	4	5
	11	12 Lincoln's Birthday
	18	19
	25	26

January
S	M	T	W	T	F	S
						1
2	3	4	5	6	7	8
9	10	11	12	13	14	15
16	17	18	19	20	21	22
23/30	24/31	25	26	27	28	29

March
S	M	T	W	T	F	S
		1	2	3	4	5
6	7	8	9	10	11	12
13	14	15	16	17	18	19
20	21	22	23	24	25	26
27	28	29	30	31		

Notes

MARCH

Sunday	Monday	Tuesday	Wednes
February S M T W T F S 　　1　2　3　4　5 6　7　8　9　10　11　12 13　14　15　16　17　18　19 20　21　22　23　24　25　26 27　28	**April** S M T W T F S 　　　　　　1　2 3　4　5　6　7　8　9 10　11　12　13　14　15　16 17　18　19　20　21　22　23 24　25　26　27　28　29　30	1	2 Ash Wednes
6	7	8	9
13 Daylight Savings Begins	14 Commonwealth Day (Canada)	15	16
20 First Day of Spring	21	22	23
27	28	29	30

POPPY

COSMOS

SEEDS

hursday	Friday	Saturday
	4	5
	11	12
🍀	18	19
Patrick's Day	25	26

Plant the seeds of friendship and tend to them with love, patience and kindness.

– Unknown

Notes

APRIL

Sunday	Monday	Tuesday	Wednes...

S	M	T	W	T		
		1	2	3		
6	7	8	9	10		
13	14	15	16	17		
20	21	22	23	24		
27	28	29	30	31		

3	4	5	6
10	**11**	**12**	**13**
	Palm Sunday		
17	**18**	**19**	**20**
Easter	Easter Monday (Canada)		
24	**25**	**26**	**27**

2022

...hursday	Friday	Saturday
May **T W T F S** 3 4 5 6 7 10 11 12 13 14 17 18 19 20 21 24 25 26 27 28 31	**1**	**2**
	April Fools' Day	
	8	**9**
	15	**16**
...ver (Sundown)	Good Friday	
	22	**23**
	29	**30**

Notes

MAY

Sunday	Monday	Tuesday	Wednesday
1	2	3	4
May Day			
8	9	10	11
	Mothers' Day		
15	16	17	18
22	23	24	25
	Victoria Day (Canada)		
29	30	31	
	Memorial Day		

April

S	M	T	W	T
3	4	5	6	7
10	11	12	13	14
17	18	19	20	21
24	25	26	27	28

2022

hursday	Friday	Saturday
	6	7
	13	14
	20	21
	27	28

June

T	W	T	F	S
	1	2	3	4
7	8	9	10	11
14	15	16	17	18
21	22	23	24	25
28	29	30		

Notes

JUNE

Sunday	Monday	Tuesday	Wednesday
	May S M T W T F S 1 2 3 4 5 6 7 8 9 10 11 12 13 14 15 16 17 18 19 20 21 22 23 24 25 26 27 28 29 30 31	July S M T W T F S 1 2 3 4 5 6 7 8 9 10 11 12 13 14 15 16 17 18 19 20 21 22 23 24/31 25 26 27 28 29 30	1
5	6	7	8
12	13	14 Flag Day	15
19 Fathers' Day	20	21 First Day of Summer	22
26	27	28	29

hursday	Friday	Saturday
	3	4
	10	11
	17	18
	24	25

Notes

JULY

Sunday	Monday	Tuesday	Wednesd

June
S M T W T
    1 2
5 6 7 8 9
12 13 14 15 16
19 20 21 22 23
26 27 28 29 30

3	4	5	6
	Independence Day		
10	11	12	13
17	18	19	20
24	25	26	27
31			

Notes

hursday	Friday	Saturday
August	1	2
S T W T F S		
1 2 3 4 5 6		
8 9 10 11 12 13		
15 16 17 18 19 20		
22 23 24 25 26 27	Canada Day (Canada)	
29 30 31		
	8	9
	15	16
	22	23
	29	30

AUGUST

Sunday	Monday	Tuesday	Wednesd
July S M T W T F S 1 2 3 4 5 6 7 8 9 10 11 12 13 14 15 16 17 18 19 20 21 22 23 24/31 25 26 27 28 29 30	1	2	3
7	8	9	10
14	15	16	17
21	22	23	24
28	29	30	31

2022

hursday	Friday	Saturday
	5	6
	12	13
	19	20
	26	27

eptember

T	W	T	F	S
		1	2	3
6	7	8	9	10
13	14	15	16	17
20	21	22	23	24
27	28	29	30	

Notes

SEPTEMBER

Sunday	Monday	Tuesday	Wednesd

August

S	M	T	W	T	F	S
	1	2	3	4	5	6
7	8	9	10	11	12	13
14	15	16	17	18	19	20
21	22	23	24	25	26	27
28	29	30	31			

Octobe

S	M	T	W	T
2	3	4	5	6
9	10	11	12	13
16	17	18	19	20
23/30	24/31	25	26	27

4	5	6	7
	Labor Day		

11	12	13	14
Patriot Day Grandparents' Day			

18	19	20	21

25	26	27	28
Rosh Hashanah (Sundown)			

2022

hursday	Friday	Saturday
	2	3
	9	10
	16	17
	23	24
Day of Autumn	30	

Notes

OCTOBER

Sunday	Monday	Tuesday	Wednes...
2	3	4	5
		Yom Kippur (Sundown)	
9	10	11	12
	Columbus Day Thanksgiving (Canada)		
16	17	18	19
23	24	25	26
30	31 Halloween		

2022

hursday	Friday	Saturday

September

S	M	T	W	T	F	S
				1	2	3
	6	7	8	9	10
13	14	15	16	17
20	21	22	23	24
27	28	29	30

November

S	M	T	W	T	F	S
		1	2	3	4	5
6	7	8	9	10	11	12
13	14	15	16	17	18	19
20	21	22	23	24	25	26
27	28	29	30

		1
	7	8
	14	15
		Sweetest Day
	21	22
	28	29

Notes

Boo!

NOVEMBER

Sunday	Monday	Tuesday	Wednesd
October S M T W T F S 　　　　　　1 2 3 4 5 6 7 8 9 10 11 12 13 14 15 16 17 18 19 20 21 22 23/30 24/31 25 26 27 28 29	**December** S M T W T F S 　　　1 2 3 4 5 6 7 8 9 10 11 12 13 14 15 16 17 18 19 20 21 22 23 24 25 26 27 28 29 30 31	1	2
6 Daylight Savings Ends	7	8 Election Day	9
13	14	15	16
20	21	22	23
27	28	29	30

2022

...ursday	Friday	Saturday
	4	5
	11 Veterans' Day Remembrance Day (Canada)	12
	18	19
...anksgiving	25	26

...eling gratitude and not expressing it is
...e wrapping a present and not giving it.

–William Arthur Ward

DECEMBER

Sunday	Monday	Tuesday	Wednes

The ornament of a house is the friends who frequent it.
—Ralph Waldo Emerson

November

S	M	T	W	T	F	S
		1	2	3	4	5
6	7	8	9	10	11	12
13	14	15	16	17	18	19
20	21	22	23	24	25	26
27	28	29	30			

January 2

S	M	T	W	T
1	2	3	4	5
8	9	10	11	12
15	16	17	18	19
22	23	24	25	26
29	30	31		

4	5	6	7
11	12	13	14
18	19	20	21
Hanukkah (Sundown)			First Day of W
25	26	27	28
Christmas	Boxing Day (Canada)		

2022

...ursday	Friday	Saturday
	2	3
	9	10
	16	17
	23	24
	30	31 New Year's Eve

Notes

Special Occasions

_____

_____

_____

_____

_____

_____

_____

_____

_____

_____

_____

_____

_____

_____

Special Occasions

Telephone Numbers

Telephone Numbers

_____

_____

_____

_____

_____

_____

_____

_____

_____

_____

_____

_____

_____

_____

Notes

Notes

2022

January
S	M	T	W	T	F	S
						1
2	3	4	5	6	7	8
9	10	11	12	13	14	15
16	17	18	19	20	21	22
23/30	24/31	25	26	27	28	29

February
S	M	T	W	T	F	S
		1	2	3	4	5
6	7	8	9	10	11	12
13	14	15	16	17	18	19
20	21	22	23	24	25	26
27	28					

March
S	M	T	W	T	F	S
		1	2	3	4	5
6	7	8	9	10	11	12
13	14	15	16	17	18	19
20	21	22	23	24	25	26
27	28	29	30	31		

April
S	M	T	W	T	F	S
					1	2
3	4	5	6	7	8	9
10	11	12	13	14	15	16
17	18	19	20	21	22	23
24	25	26	27	28	29	30

May
S	M	T	W	T	F	S
1	2	3	4	5	6	7
8	9	10	11	12	13	14
15	16	17	18	19	20	21
22	23	24	25	26	27	28
29	30	31				

June
S	M	T	W	T	F	S
			1	2	3	4
5	6	7	8	9	10	11
12	13	14	15	16	17	18
19	20	21	22	23	24	25
26	27	28	29	30		

July
S	M	T	W	T	F	S
					1	2
3	4	5	6	7	8	9
10	11	12	13	14	15	16
17	18	19	20	21	22	23
24/31	25	26	27	28	29	30

August
S	M	T	W	T	F	S
	1	2	3	4	5	6
7	8	9	10	11	12	13
14	15	16	17	18	19	20
21	22	23	24	25	26	27
28	29	30	31			

September
S	M	T	W	T	F	S
				1	2	3
4	5	6	7	8	9	10
11	12	13	14	15	16	17
18	19	20	21	22	23	24
25	26	27	28	29	30	

October
S	M	T	W	T	F	S
						1
2	3	4	5	6	7	8
9	10	11	12	13	14	15
16	17	18	19	20	21	22
23/30	24/31	25	26	27	28	29

November
S	M	T	W	T	F	S
		1	2	3	4	5
6	7	8	9	10	11	12
13	14	15	16	17	18	19
20	21	22	23	24	25	26
27	28	29	30			

December
S	M	T	W	T	F	S
				1	2	3
4	5	6	7	8	9	10
11	12	13	14	15	16	17
18	19	20	21	22	23	24
25	26	27	28	29	30	31

2023

January
S	M	T	W	T	F	S
1	2	3	4	5	6	7
8	9	10	11	12	13	14
15	16	17	18	19	20	21
22	23	24	25	26	27	28
29	30	31				

February
S	M	T	W	T	F	S
			1	2	3	4
5	6	7	8	9	10	11
12	13	14	15	16	17	18
19	20	21	22	23	24	25
26	27	28				

March
S	M	T	W	T	F	S
			1	2	3	4
5	6	7	8	9	10	11
12	13	14	15	16	17	18
19	20	21	22	23	24	25
26	27	28	29	30	31	

April
S	M	T	W	T	F	S
						1
2	3	4	5	6	7	8
9	10	11	12	13	14	15
16	17	18	19	20	21	22
23/30	24	25	26	27	28	29

May
S	M	T	W	T	F	S
	1	2	3	4	5	6
7	8	9	10	11	12	13
14	15	16	17	18	19	20
21	22	23	24	25	26	27
28	29	30	31			

June
S	M	T	W	T	F	S
				1	2	3
4	5	6	7	8	9	10
11	12	13	14	15	16	17
18	19	20	21	22	23	24
25	26	27	28	29	30	

July
S	M	T	W	T	F	S
						1
2	3	4	5	6	7	8
9	10	11	12	13	14	15
16	17	18	19	20	21	22
23/30	24/31	25	26	27	28	29

August
S	M	T	W	T	F	S
		1	2	3	4	5
6	7	8	9	10	11	12
13	14	15	16	17	18	19
20	21	22	23	24	25	26
27	28	29	30	31		

September
S	M	T	W	T	F	S
					1	2
3	4	5	6	7	8	9
10	11	12	13	14	15	16
17	18	19	20	21	22	23
24	25	26	27	28	29	30

October
S	M	T	W	T	F	S
1	2	3	4	5	6	7
8	9	10	11	12	13	14
15	16	17	18	19	20	21
22	23	24	25	26	27	28
29	30	31				

November
S	M	T	W	T	F	S
			1	2	3	4
5	6	7	8	9	10	11
12	13	14	15	16	17	18
19	20	21	22	23	24	25
26	27	28	29	30		

December
S	M	T	W	T	F	S
					1	2
3	4	5	6	7	8	9
10	11	12	13	14	15	16
17	18	19	20	21	22	23
24/31	25	26	27	28	29	30